Bibliografische Information der Deutschen Nationalbibliothek

Die Deutsche Nationalbibliothek verzeichnet diese Publikation in der Deutschen Nationalbibliografie; detaillierte bibliografische Daten sind im Internet über http://dnb.d-nb.de abrufbar

Das Gesamtprogramm
von Butzon & Bercker
finden Sie im Internet
unter www.bube.de

ISBN 978-3-7666-1320-2

© 2009 Butzon & Bercker GmbH, 47623 Kevelaer, Deutschland
Alle Rechte vorbehalten.
Umschlaggestaltung und Satz: Elisabeth von der Heiden, Geldern

Möge Gott stets bei dir sein

Segensgebete

Herausgegeben von
Norbert M. Becker

Butzon & Bercker

Ein Wort zuvor

Segenswünsche und Segensgesten sind allen Kulturen und Religionen vertraut. Gute Worte und heilige Zeichen bringen zum Ausdruck, dass nicht wir Menschen das Maß aller Dinge sind. Alles Werden und Vergehen, alles Gelingen und Scheitern, alles Kommen und Gehen ist eingebettet in eine größere Wirklichkeit. Für Juden, Christen und Muslime ist dieser Urgrund Gott.
Segensworte verknüpfen immer wieder neu unsere menschliche Wirklichkeit mit der Gegenwart Gottes: für den Gesegneten Ermutigung und Trost, für den Segnenden Vergewisserung der eigenen Zuversicht.
Aus Irland sind uns viele wunderbare Segensgebete überliefert. In ihnen verbinden sich eine kernige, naturverbundene Sprache, Szenen des menschlichen Lebens und ein tiefes Vertrauen in die Liebe Gottes. Diese alten Texte gaben den Anstoß, auch neue Worte des Segens zu suchen und aufzuschreiben.
Allen, die dieses Buch in die Hand nehmen, wünsche ich die wohltuende Erfahrung von Gottes Nähe.

Norbert M. Becker

Möge Gott deinen Weg begleiten

Möge Gott deinen Weg begleiten,
dich segnen und dir nahe sein.
Er schenke Frieden, für heute und zu allen Zeiten.
Darfst Leben wagen; bist niemals ganz allein.

Möge Gott deinen Weg begleiten,
dich trösten, wenn du traurig bist.
Er sei dein Licht, besonders in den schweren Zeiten.
Er halte zu dir, wenn alles dich vergisst.

Möge Gott deinen Weg begleiten,
dich stützen, wenn du müde wirst.
Er sei dein Halt, er lenke dich durch alle Zeiten.
Du bist gesegnet, weil er stets bei dir ist.

Norbert M. Becker

Segenszeichen

Manchmal lässt unsere Sprache Rückschlüsse auf die ursprüngliche Bedeutung von Worten zu. Die Veränderung oder Verschiebung von Vokalen führt uns dann zurück zum Ursprung.

Das Wort „segnen" hat seine Wurzeln im Lateinischen „signare", was unter anderem so viel heißt wie „mit einem Zeichen versehen". Im christlichen Kontext war mit diesem Zeichen das Kreuz gemeint – Erinnerung an die frohe Botschaft der Auferstehung und an Gottes Kraft.

Gebärden wie das Auflegen oder Ausbreiten der Hände waren schon immer Symbolhandlungen, die einen Segen zum Ausdruck brachten. Das Nachzeichnen des Kreuzes – verbunden mit dem Aussprechen eines Gebetes oder wohlmeinender Worte – entwickelte sich dann zu einem der schönsten und kräftigsten Rituale, die wir in der Welt unseres Glaubens kennen. Hier verdichtet sich menschliches Verhalten auf so Wesentliches, dass etwas von der Liebe und Zuwendung Gottes sichtbar werden kann.

Segen – das sind gute Worte und Gesten im Namen Gottes.

Norbert M. Becker

Segen am Morgen

Gott, der Herr,
locke und rufe dich in den neuen Tag.
Mit dem Licht der Sonne begleite er dein Erwachen.
Mit der reinigenden Kraft des Wassers
wasche er dir den Schlaf aus den Augen.

Er berühre dich sanft mit seiner Lebendigkeit.
Er lasse dir den erfrischenden Wind
über dein Gesicht streichen.
Er lasse dich tief ein- und ausatmen,
damit dein Leib sich freuen kann.

Er lasse dich dankbar den Reichtum des Lebens erkennen.
Er schenke dir eine gute Portion Gelassenheit,
wenn du die Neuigkeiten des Tages erfährst.

Es segne dich der Herr!

Norbert M. Becker

Neujahrs- und Geburtstagswunsch

Deine Hände sollen immer Arbeit finden,
immer einen Groschen in der Tasche,
wenn du ihn brauchst.
Das Sonnenlicht soll auf dein Fenstersims scheinen
und dein Herz voll Gewissheit sein,
dass nach jedem Unwetter ein Regenbogen leuchtet.

Der Tag sei dir günstig und die Nacht dir gnädig.
Die gute Hand eines Freundes soll dich immer halten.
Und möge Gott dir das Herz erfüllen
mit Frohsinn und Freude.

Aus Irland

Der Herr sprach zu Abraham: Zieh weg aus deinem Land, von deiner Verwandtschaft und aus deinem Vaterhaus in das Land, das ich dir zeigen werde. Ich werde dich zu einem großen Volk machen, dich segnen und deinen Namen groß machen. Ein Segen sollst du sein. Ich will segnen, die dich segnen; wer dich verwünscht, den will ich verfluchen. Durch dich sollen alle Geschlechter der Erde Segen erlangen.

Genesis 12,1–3

Segen weitergeben

Segnen, das heißt
die Hand auf etwas legen
und sagen: Du gehörst trotz allem Gott.

So tun wir es mit der Welt,
die uns solches Leiden zufügt.
Wir verlassen sie nicht,
wir verwerfen, verachten, verdammen sie nicht,
sondern wir rufen sie zu Gott,
wir geben ihr Hoffnung, wir legen die Hand auf sie
und sagen: Gottes Segen komme über dich.

Wir empfangen Gottes Segen im Glück und im Leid.
Wer aber selbst gesegnet wird,
der kann nicht anders
als diesen Segen weitergeben.
Er muss dort, wo er steht,
ein Segen sein für andere.

Dietrich Bonhoeffer

Der Herr sei immer bei dir

Der Herr sei vor dir,
um dir den rechten Weg zu zeigen.
Der Herr sei neben dir,
um dich in die Arme zu schließen
und dich zu schützen.
Der Herr sei hinter dir,
um dich zu bewahren
vor der Heimtücke böser Menschen.
Der Herr sei unter dir,
um dich aufzufangen, wenn du fällst,
und dich aus der Schlinge zu ziehen.
Der Herr sei in dir,
um dich zu trösten, wenn du traurig bist.
Der Herr sei um dich herum,
um dich zu verteidigen,
wenn andere über dich herfallen.
Der Herr sei über dir,
um dich zu segnen.
Es segne dich der gütige Gott.

Altchristliches Segensgebet

Segen am Tag

Gott, der Herr,
begleite dein Denken und Handeln,
deine Arbeit und deine Freizeit.

Er halte böse Überraschungen von dir fern
und schenke dir Geduld
in der Begegnung mit anderen Menschen.

Er gewähre dir Zeiten der Ruhe und des Durchatmens,
damit Körper und Geist sich erholen.

Er lasse dich finden, was du suchst,
begreifen, was du nicht verstehst,
und glücklich beenden, was du angefangen hast.

Er schenke dir Achtsamkeit im Umgang mit dir selbst
und ein waches Gespür für alles, was gut tut.

Es segne dich der Herr!

Norbert M. Becker

Segen unserer Kinder

Gott gebe dir
für jeden Sturm einen Regenbogen,
für jede Träne ein Lachen,
für jede Sorge eine Aussicht
und eine Hilfe in jeder Schwierigkeit.
Für jedes Problem, das dir das Leben schickt,
einen Freund, es zu teilen,
für jeden Seufzer ein schönes Lied
und eine Antwort auf jedes Gebet.

Irisches Segensgebet

Da brachte man Kinder zu ihm, damit er ihnen die Hände auflegte. Die Jünger aber wiesen die Leute schroff ab. Als Jesus das sah, wurde er unwillig und sagte zu ihnen: Lasst die Kinder zu mir kommen; hindert sie nicht daran! Denn Menschen wie ihnen gehört das Reich Gottes. Amen, das sage ich euch: Wer das Reich Gottes nicht so annimmt, wie ein Kind, der wird nicht hineinkommen. Und er nahm die Kinder in seine Arme; dann legte er ihnen die Hände auf und segnete sie.

Markus 10,13–16

Für deinen Weg

Geh ruhig deinen Weg – mitten im Lärm unserer Tage;
allein die Stille vermag Frieden zu schenken.
Wenn es geht, steh mit allen auf gutem Fuße,
doch gib dich selbst nicht dabei auf!

Sage deine Wahrheit immer deutlich und klar
und höre auch die anderen an;
die Unwissenden haben ihre eigene Geschichte.

Freu dich an deinen Erfolgen,
doch bleibe bescheiden: Das ist das Beste
in den Wechselfällen des Lebens.

Sei immer du selbst – vor allem:
Heuchle keine Zuneigung, wo du sie nicht spürst.
Und bitte: Denke nicht verächtlich von der Liebe,
wo sie noch einmal aufblüht, wenn sie geendet hat.

*Irischer Segen
aus dem Jahre 1692 (Desiderata)*

Um deines Namens willen

Du bist der *Ich bin da,* sagst du, Gott.
Ich vertraue dir.
Lass mich deine Nähe erfahren!

Um deines Namens willen begleite meinen Weg!
Lass mich aufrecht gehen, Schritt für Schritt!
Lass mich nicht in die Irre gehen!
Lass mich nicht irre werden an den Sorgen des Alltags!
Lass mich erkennen und tun, was gut und wertvoll ist!
Lass mich durchschauen und verhindern, was böse ist!
Lass mich aufrichtig sein zu mir selbst und zu den Menschen!
Lass mich leben, und lebe du mit mir!
Du bist da.

Um deines Namens willen begleite meinen Weg!

Norbert M. Becker

Irische Segensgebete

Die Christen im alten Irland waren offenbar sehr empfindsame und erdverbundene Menschen. In ihrem gelebten Glauben mischten sich keltische Bodenständigkeit und urchristliches Gottvertrauen in überzeugender Weise.
Das alltägliche Leben, die Wahrnehmung der Natur, die nüchterne Einschätzung von Gefahr und Bedrohung, das Auskosten von Glück und Lebendigkeit, Kommen und Gehen – alles war eingebunden in ein tiefes Vertrauen in die Nähe Gottes. Viele der daraus entstandenen Segensgebete zeugen von einer spirituellen Tiefe, von der wir heute lernen können.
Manche der Texte laden zum Schmunzeln ein und zeigen, wie fester Glaube ein fruchtbarer Humus für gesunden Humor sein kann. Dabei hatten viele Menschen damals wahrscheinlich wenig zu lachen: Wind und Wetter und sonstigen Gefahren ausgeliefert, waren das Überleben und eine glückliche Heimkehr von unterwegs nie gesichert.
Die Segensgebete waren in dieser Lage keine Versicherung. Aber sie waren und sind Ermutigung, Stärkung, Trost und Erinnerung an eine letzte Geborgenheit in Gott – auch über den Tod hinaus.

Norbert M. Becker

Segen am Abend

Gott segne und behüte dich!
Er lasse dich ausruhen
von der Arbeit des Tages,
von Gedanken, die dich plagen,
von der Last, die dich drückt.

Gott segne und behüte dich!
Er lasse dich verweilen
in der Stille des Abends,
bei Gedanken, die dich freuen,
bei den liebenswerten Menschen.

Gott segne und behüte dich!
Er lasse dich vertrauen
seinen Gesten der Liebe,
allen Zeichen seiner Nähe
und der Kraft, die uns hält.

Es segne dich der Herr!

Norbert M. Becker

Gott segne dich

Gott segne dich mit Glauben, dass du den Aufbruch wagst,
voll Lebenslust und Neugier nach deiner Zukunft fragst.

Gott segne dich mit Freude, dass du den Weg genießt,
in jeder kleinen Blume ein Werk des Schöpfers siehst.

Gott segne dich mit Hoffnung, wenn du vor Mauern stehst
und ohne klar zu sehen dich nur im Kreise drehst.

Gott segne dich mit Weisheit, wenn sich dein Weg dann teilt,
mit Ruhe zur Entscheidung, wenn dir die Zeit enteilt.

Gott segne dich mit Liebe, die dir die Wege zeigt.
Sie sei dein Licht im Dunkel, wenn sich der Tag dann neigt.

Franz-Josef Ruwe

Der Herr behüte dich

Ich hebe meine Augen auf zu den Bergen:
Woher kommt mir Hilfe?
Meine Hilfe kommt vom Herrn,
der Himmel und Erde gemacht hat.

Er lässt deinen Fuß nicht wanken;
er, der dich behütet, schläft nicht.
Nein, der Hüter Israels
schläft und schlummert nicht.
Der Herr ist dein Hüter, der Herr gibt dir Schatten;
er steht dir zur Seite.
Bei Tag wird dir die Sonne nicht schaden
noch der Mond in der Nacht.

Der Herr behüte dich vor allem Bösen,
er behüte dein Leben.
Der Herr behüte dich,
wenn du fortgehst und wiederkommst,
von nun an bis in Ewigkeit.

Psalm 121

Kreuz-Gedanken

Das Kreuz steht aufgerichtet über Land und Leuten.
Das Rad verbindet die Balken des Segens.
Die Sonne leuchtet auf hinter dem Kreuz.
Der Kreis der Erde ist gesegnet.
Licht durchflutet das Kreuz.
Leben in Ewigkeit ...

Norbert M. Becker

Segen zur Nacht

Gott, der Herr,
schenke dir die Ruhe der Nacht.
Alle Dunkelheiten deines Lebens lasse er entschwinden
hinein in das Dunkel des nächtlichen Himmels.

Er helfe dir loszulassen, was dich am Leben hindert,
und vorauszudenken, was du gerne wagen möchtest.

Er sei in der Welt deiner Träume,
ohne dich zu schrecken.
Er lasse dich ausruhen,
Schlaf finden und Kraft schöpfen.

Er gebe dir seinen elterlichen Segen
und einen guten Engel an deine Seite.

Es segne dich der Herr!

Norbert M. Becker

Siebenfacher Segen

Segen der Erde mit dir.
Segen des Meeres mit dir.
Segen des Windes mit dir.
Segen der Bäume mit dir.
Segen des Wassers mit dir.
Segen der Felsen mit dir.
Segen der Sterne mit dir.

Siebenfacher Segen komme über dein Haus
und über alles, was du liebst.

Aus Irland (16. Jahrhundert)

Als nur noch er (Jakob) allein zurückgeblieben war, rang mit ihm ein Mann, bis die Morgenröte aufstieg. Als der Mann sah, dass er ihm nicht beikommen konnte, schlug er ihn aufs Hüftgelenk. Jakobs Hüftgelenk renkte sich aus, als er mit ihm rang. Der Mann sagte: Lass mich los; denn die Morgenröte ist aufgestiegen. Jakob aber entgegnete: Ich lasse dich nicht los, wenn du mich nicht segnest.

Genesis 32,25–27

Friedenswunsch

Den tiefen Frieden im Rauschen der Wellen,
den wünsche ich dir.

Den tiefen Frieden im schmeichelnden Wind,
den wünsche ich dir.

Den tiefen Frieden über dem stillen Land,
den wünsche ich dir.

Den tiefen Frieden unter den leuchtenden Sternen,
den wünsche ich dir.

Den tiefen Frieden vom Sohne des Friedens,
den wünsche ich dir.

Aus Irland

Aarons Segen

Der Herr segne dich
und behüte dich.
Der Herr lasse sein Angesicht über dich leuchten
und sei dir gnädig.
Der Herr wende sein Angesicht dir zu
und schenke dir Heil.

Numeri 6,24–26

Quellenverzeichnis

Texte:
S. 14: aus: Dietrich Bonhoeffer, Widerstand und Ergebung. © by Gütersloher Verlagshaus, Gütersloh, in der Verlagsgruppe Random House GmbH, München.
S. 30: © Franz-Josef Ruwe (Kontakt: Haus Angelmodde 30, 48167 Münster).

Die Bibeltexte wurden entnommen aus: Einheitsübersetzung der Heiligen Schrift.
© 1980 Katholische Bibelanstalt, Stuttgart.

Fotos:
Umschlag, S. 19: © Karl-Heinz Schlierbach, Gladenbach
S. 5: © paul deluna – Fotolia.com
S. 7, S. 13, S. 31, S. 41: © Willi Rauch, Michelstadt
S. 9: © Ruth Rau, Sexau
S. 11, S. 27, S. 29, S. 39: © Europa-Farbbildarchiv Waltraud Klammet, Ohlstadt
S. 15: © Stephen Finn – Fotolia.com
S. 17: © Falko Matte – Fotolia.com
S. 21: © Christian Jung – Fotolia.com
S. 23: © Gerd Weißing, Nürnberg
S. 25: © thierry planche – Fotolia.com
S. 33, S. 37: Photo Digital
S. 35: © Willi Rolfes, Vechta